未来を広げる

生成AI

③ 生成AIで変わる社会

監修：坂本良晶

汐文社

この本の使い方

 マンガでわかる！ 生成AIのどんな特徴が社会を変えていくのかを、実際のニュースをもとにマンガで紹介します。

 ニュースがわかる！ マンガのもとになった生成AIについてのニュースを解説。すべて実際に起きたことです。

各回でとりあげた生成AIの特徴を4つのポイントに分けて解説していきます。ここで理解を深めましょう。

③ 生成AIを使ってみよう

Canvaというサービスを利用して、学校の授業の中で、生成AIを使ってみましょう。実際に授業で行われた例を紹介しています。

もくじ

生成AIってなんだろう？	4
01 著作権があぶない！	6
02 ハルシネーションというまぼろし	10
03 情報が漏洩する！	14
04 不適切な情報を答える？	18
05 ディープフェイクに気をつけろ	22
Canvaで生成AIを使ってみよう！	26
さくいん	30

3

生成AIってなんだろう？

1　AI（人工知能）とは？

AIとは、人間の頭脳のように働くコンピューターのことです。人間が教えたことを覚えて、問題を解いたり、仕事をしたりします。例えば、写真の中にネコがいるかどうかを見分けたり、天気を予報したりすることを自動で行います。スマートフォンの音声アシスタントもAIの一種です。AIはあたえられた目的を果たしながら、私たちの生活をより便利にしています。ただ、人間のように自由に考えられるわけではありません。

2　生成AI（ジェネレーティブAI）とは？

生成AIとは、新しいものをつくり出せるAIのことです。たくさんの情報を自分で学び、学んだことを活かして、新しいものをつくり出します。この技術を「ディープラーニング」といいます。例えば「イヌとネコが友だちになる絵を描いて」と指示を出すと、学習した多くのイヌとネコの特徴や、「友情」の表現方法を組み合わせて、オリジナルの絵を描くことができます。人間の想像力と生成AIとを組み合わせることで、今までにないものが生まれてくるのです。

3 AIと生成AIのちがい

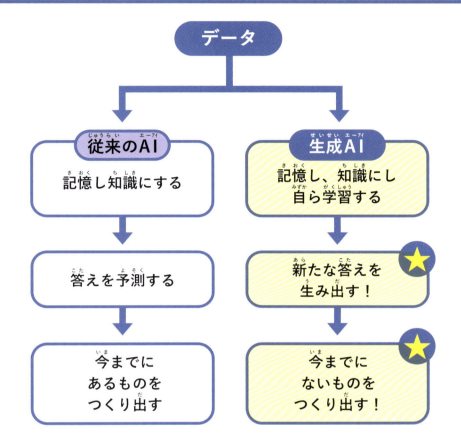

AIと生成AIの大きなちがいは、データの学習の仕方です。AIはデータを記憶し、答えを予測します。例えばイヌの写真を見て「これはイヌです」と答えることができます。いっぽう、生成AIは記憶するだけでなく、自分で学習して新しい答えを生み出します。「宇宙遊泳をするイヌを描いて」と指示を出すと、実際にはだれも見たことがないイヌの絵を描くこともできるのです。生成AIは、今も進化の途中。これからもっと便利になっていくでしょう。

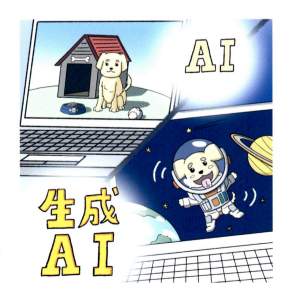

01 著作権があぶない！

生成AIを使えば、さまざまな作品をつくることができますが、そのときに問題になるのが作品をつくった人がもつ権利「著作権」です。どんな問題があるか見ていきましょう。

news
生成AIを使って書いた記事、盗用で謝罪

2024年9月、あるニュースサイトが、生成AIを使って記事を書いたことをきっかけに問題となりました。記事のなかに、ほかの新聞社の記事やWebサイトの文章をそのまま使っているものがあったのです。

調べてみると、生成AIがつくった49本の記事に問題があることがわかりました。そのうち15本の記事では、ほかの人が書いた文章の25文字以上をまるごとコピーしていたといいます。残り34本の記事でも、同じような問題があると発表されました。

ニュースサイトの編集長は、すぐに問題のある記事をすべて消して謝罪しました。「信頼できるメディアをつくっていけるように、ゼロから出発していきます」と約束したそうです。

文章や絵をつくった人がもつ権利を「著作権」といい、ほかの人がつくった作品の著作権をおかして勝手に使うことを「盗用」といいます。

ほかの人が書いた文章を使うときには書いた人に許可を得なければいけません。しかし生成AIは著作権を理解するのが難しく、ほかの人が書いた文章をかんたんにコピーしてしまいます。生成AIを使う人間が「著作権」を理解しておかないと、ほかの人の大切な作品の価値を傷つけてしまうかもしれないのです。

> 考えてみよう！

著作権と生成AIの関係について知ろう！

1 作品をつくった人の権利

著作権は、「作品をつくった人がもつ権利」です。作者には、自分の作品をどう使うかを決める権利があります。作者に許可を得ずに文章や絵を自分の作品として、ネットに載せたり、売ったりすることは、作者の権利を侵害することになります。

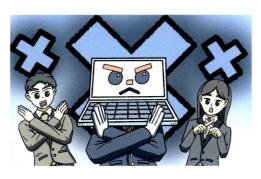

2 文、絵、音楽などの権利を守る

著作権は「人がつくり出したものを守る権利」です。作家が書いた小説、イラストレーターが描いた絵から、みなさんが描いた絵や撮った写真、文化祭で即興でつくった曲まで、プロもアマチュアも関係なく、人がつくったものは著作物として守られます。

3 生成AIは著作権を考えない

生成AIはさまざまな情報を学習していますが、どの情報に著作権があるかを理解するのが苦手です。人間なら「これはだれかの著作物だ」と考えるところでも、生成AIはただの情報ととらえてしまうのです。そのため、人間がつくった文章や絵をまねしてしまうことがあります。

4 生成AIは著作権をもたない

著作権は人間が頭を使って考え、工夫してつくった「作品」を守る権利です。生成AIだけでつくられたものには著作権がありません。ただし、生成AIのつくった絵や文章を人間が工夫して編集した場合は、「人間の作品」として、著作権が生まれ、保護される可能性があります。

02 ハルシネーションというまぼろし

「ハルシネーション」とはもともと「まぼろし」という意味の言葉で、生成AIがまるで「幻覚」を見ているかのように、現実とはちがう情報を伝えてしまう現象のことです。

news
中学1年生250人の半分以上が理科の課題で同じまちがい

　東京都内のある中学校で、約250人いる1年生のうち半分以上が理科の課題で同じまちがいをしました。課題は「唾液アミラーゼの働き」について調べることでした。多くの生徒が「食べ物にふくまれるでんぷんを分解し、胃で消化されやすい状態にする」と書きましたが、この回答はまちがいでした。でんぷんは口と十二指腸で分解され、胃では消化されないのです。

　なぜこんなことが起きたのでしょうか。調べてみると、生徒たちはインターネットの検索結果で示された生成AIを使った情報を書き写していました。その回答がハルシネーション（まぼろし）によるものだったのです。また、生成AIの情報源は食品会社のホームページだったことも判明。「唾液の働き」に関するページに「唾液にふくまれる酵素（アミラーゼ）が、食べ物にふくまれるでんぷんを分解し、胃で消化されやすい状態にします」との記載があったのです。担当の男性教諭がSNSで指摘すると、食品会社は誤解を招きかねない表現だったとして「胃で」という言葉を削除しました。

　このように、生成AIはまちがった情報を提供することがあります。ときとしてハルシネーションを生み出すことを理解した上で、生成AIを活用していく必要があります。

考えてみよう！

ハルシネーションってどんな問題？

1 まちがった分析をする

生成AIは、正しい情報を学習していても、さまざまな理由でまちがった答えを出してしまうことがあります。集めた情報の分析をまちがい、「虹は夜にしか現れない」などと、事実とちがう、ハルシネーションを起こした回答をしてしまうことがあるのです。

2 空想の話をつくって回答

生成AIは、学習したデータにないことを聞かれたときに、「わかりません」ではなく、予想外のことを答えることがあります。例えば「月のうさぎはなにを食べているの？」と聞かれたら、「星のかけら」などと空想の話をつくって答えてしまうことがあるのです。

3 学習データがまちがっている

学習した情報にまちがいがあると生成AIはハルシネーションを起こしてしまいます。例えば「バナナは青いうちがいちばんあまい」というまちがった情報がインターネット上にたくさんあると、生成AIは正しい情報だと思ってしまい、まちがった回答をするのです。

4 情報のつなぎ方をまちがう

生成AIは学習した複数の情報のつなぎ方をまちがえることがあります。例えば「カレーには玉ねぎが入る」「玉ねぎはからい野菜」というふたつの情報から「カレーがからいのは玉ねぎのせい」というようなまちがった結論を導き出すことがあるのです。

03 情報が漏洩する！

生成AIに自分の個人情報を教えると、情報がもれて悪用されてしまうおそれがあります。生成AIを使うときに注意すべきことを確認しましょう。

news
機密情報が生成AIを通じて流出

シンガポールのセキュリティー企業Group-IBの調査で、生成AI「ChatGPT」のアカウント情報が10万件以上ぬすまれていることがわかりました。「インフォスティーラー」という危険なプログラムを使い、フィッシング詐欺※と同じ方法で利用者のコンピューターにしのびこんだとされています。

ChatGPTを使っている人の中には、秘密の情報をチャットに書き込んでしまう人がいます。例えば、さまざまなパスワードやクレジットカードの情報などです。イスラエルの企業LayerXの調査によると、ユーザーの6パーセントが機密情報をChatGPTに入力したことがあり、0.7パーセントは週に何回も入力していると回答しました。ChatGPTは私たちが入力した内容を全部覚えているので、パスワードをぬすまれて悪用されると過去のチャット内容が流出する危険があります。秘密の情報も見られてしまうかもしれません。

問題を防ぐために、専門家は「パスワードをときどき変える」「本人かどうか2回に分けてチェックする仕組みを導入する」ことをすすめています。仕事でChatGPTを使うことを禁止している会社もあります。

生成AIを使うときは秘密の情報を書かないようにするなど、まずは自分自身で情報を守ることが必要です。

＊フィッシング詐欺：銀行や企業などをよそおったニセモノのメールやWebサイトで、クレジットカードの番号や暗証番号などの個人情報を不正入手する詐欺行為。

考えてみよう！

情報が漏洩する理由と対策

1 生成AIのバグで情報が流失

生成AIはコンピューター・プログラムのため、どうしてもときどきシステムの不具合（バグ）が起きることがあります。なにもしなくても個人のチャット内容がほかのユーザーに見られてしまったり、会社の大切な情報が他人のパソコンの画面に表示されてしまったりすることがあるのです。

2 チャットに秘密の情報を書いて流出

生成AIは、私たちが入力した情報をすべて記録します。会社の情報や個人情報（住所、電話番号、パスワードなど）を生成AIとのチャットに書き込んだだけでも、履歴がそのまま残ります。もしアカウントをぬすまれたら、大事な情報が他人に見られてしまうのです。

3 秘密は絶対に書かない

自分の個人情報や友だちとの秘密は、生成AIとのチャットに絶対に入力してはいけません。また、生成AIの画面をほかの人に見せるときは、チャット履歴に大切な情報がふくまれていないか必ず確認をしてから見せるようにしてください。

4 チャットを記録しない設定にする

生成AIには、プライバシー保護の設定ができるものがあり、入力したチャットの履歴が残らないように設定することが可能です。大切な情報をあつかうときは、忘れずにこの設定を使うようにしましょう。

04 不適切な情報を答える？

たくさんの情報を学習する生成AIですが、不適切な情報も学んでしまうことがあります。それによって、どのような問題が起きるのでしょうか？

news
「選挙はぬすまれた」という"主張"を生成AIが回答

インターネット企業のAmazonが開発した音声AI「アレクサ」が、2020年のアメリカ大統領選挙について不適切な回答をくり返していたことが、ワシントンポスト紙の調査で明らかになりました。ユーザーが「2020年の選挙はぬすまれたのか？」と質問すると、アレクサは「大量の不正行為によってぬすまれた」と回答。これはドナルド・トランプ候補の支持者たちの「選挙に不正があり、本当ならトランプ候補が勝っていた」というかたよった主張を伝えるものでした。

この問題は、生成AIが情報源を適切に選べないことを物語っています。アレクサはある動画サイトを情報源にしていましたが、このサイトの内容が事実に基づかない不適切なものだったのです。

意図的に生成AIにうその情報、不適切な情報を学習させることを「データ・ポイズニング（データの汚染）」といいます。生成AIは大量の情報を学習しますが、その中にあやまった内容がまざっていても判断がつかず「真実」として学習する可能性があります。そしてうその情報から生まれた生成AIの不適切な回答がさらにインターネット上に広がっていってしまうのです。

こうやって、生成AIを悪用する人たちが実社会で出てきているのです。

> 考えてみよう！

生成AIの不適切な回答ってどんなもの？

1 犯罪に関する情報

生成AIはインターネット上のあらゆる情報を学習しているため、ときどき危険な内容を答えてしまいます。万引きの方法や、爆発物のつくり方、コンピューターへの不正侵入の方法など、犯罪につながる情報を回答する可能性もあります。

2 ジェンダー差別

インターネット上のあらゆる立場の人の発言から学習するため、差別的な回答をすることがあります。「女性は家庭を守るべき」「男性は泣いてはいけない」といったジェンダーに関する古い考えの人や偏見をもった人の話から答えを出してしまう場合があるのです。

3 医療のまちがった情報

病気の診断や治療法について、まちがった情報を答える可能性があります。また、かえって病気を悪化させる危険性のある回答をする可能性もあります。正しい診断は病気の専門家である医師にしかできません。医療に関する生成AIの回答は、信頼できるとはいえません。

4 乗り物の危険な運転

生成AIを利用した自動運転が広まりつつありますが、学習していない道路標識を無視したり、急な飛び出しに対応できなかったりする可能性があります。自動運転は、学習していない状況ではまちがった判断をして、事故を起こす可能性があるのです。

05 ディープフェイクに気をつけろ

生成AIによって、まるで本物のようなニセモノの画像や動画が作成できるようになりました。それを「ディープフェイク」といい、悪用した事件も起きているのです。

news
水害めぐりフェイク動画が拡散。生成AIを悪用

　2022年9月、台風15号の被害を受けた静岡県の様子をドローンが撮影したとされる動画が、SNSに投稿されました。この動画は生成AI「Stable Diffusion」でつくられたものでしたが、多くの人が信じて拡散してしまったといいます。投稿者は後から「だまされた人たちを見て楽しんでいた」と述べました。

　このように生成AIがつくった本物そっくりなニセモノの画像や動画を「ディープフェイク」といいます。動画に映る人物の顔や声を別人のものに差しかえ、実際には言っていない言葉を話させたり、していない動作をさせたりすることもできます。ディープフェイクは年々本物との判別が難しくなっています。2024年にはディープフェイクを使ったニセモノのビデオ会議で37億円がだましとられる事件も発生しました。

　今後はディープフェイクをつくらせない技術や、ディープフェイクにだまされない対策やルールづくりが必要です。

　今できる対策は、ひとつの情報だけを見て真実だと思わず、いくつかの情報源を確認し、ニセモノの情報にまどわされない判断力を身につけることです。

考えてみよう！

ディープフェイクをどうやって悪用するの？

1 ニセモノのニュースを流す

ディープフェイクは、本物そっくりのニセニュースをつくることができます。実在するアナウンサーが「大地震が起きた」「新型ウイルスが広がっている」などと話すニセ動画をつくって広めれば、社会に大きな混乱を引き起こします。

2 詐欺を行う

ニセ動画をつくって、家族や友人になりすましたり、SNSで出会った相手とニセモノの画像と声を使ったビデオ通話をしたりして、多額のお金をだましとる詐欺が起きています。画像や動画が本物の人間そっくりなので、多くの人がだまされてしまうのです。

3 ニセモノの広告を出す

実際には効果のない商品を、有名人のお墨付きとして販売するニセ広告をつくることもできます。スポーツ選手が「この健康器具で体が変わった」とすすめる広告や、アイドルが「この商品で肌がキレイになった」と語る動画も簡単につくれてしまいます。

4 カギを開ける

顔認証や声認証でカギがかけられた建物も、ニセモノの顔や声をつくってあけられてしまう可能性があります。ほかにも、他人のスマートフォンのロックを勝手に解除したり、銀行口座に不正アクセスしたりする犯罪が起きてしまう危険性もあるのです。

Canvaで生成AIを使ってみよう!

クラブ活動「はじめての生成AI」

　Canvaはデザインをするためのツールです。最近では学校などのさまざまな場面で使われるようになり、現在日本で130万人以上の子どもや先生たちが授業などで使っています。またCanvaは小学生も使用可能な唯一の「生成AI」サービスです（2025年2月現在）。そのため、小学生でも気軽に生成AIを体験できます。パソコンクラブの4～6年生が、頭の中でイメージしたものを言葉に置きかえて、実際に画像を生成してみました。どんな画像ができたか見てみましょう。

※このページで紹介しているのは、ひとりの子どもがつくった画像ではありません。何人かの子どもの画像をまじえて紹介しています。また同じプロンプト（指示）を出しても同じ画像が生成されるとは限りません。

1 どうやってつくるの？

❶ Canvaの「ドリームラボ」のページにアクセス。
❷ ウィンドウにプロンプトを書く。
❸ ドリームラボが絵を生成する。
❹ 画像を保存する。

2 学習のポイント

Canvaのプレゼンテーションにつくった画像をはり付けて、どんなプロンプトだったのかを紹介するとよい。

【例】

子どもたちがCanvaでつくった画像

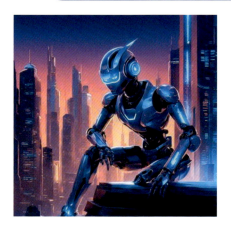

「プロンプト」かっこいいロボット。

「プロンプト」バレーボールをしているかわいいハムスター。

※Canva（https://www.canva.com/）を利用する際は登録が必要です。大人といっしょにログインしてください。Canvaについてくわしくは、1巻のp26-27「Canvaで生成AIを使ってみよう！」を見てください。ドリームラボを利用する際は大人といっしょにCanvaにアクセスしてください。

「プロンプト」サンタクロースのぼうしをかぶったふわふわの子犬。

「プロンプト」いちばんきれいな景色。

「プロンプト」黒いドラゴン。

「プロンプト」むらさき色のふしぎなお花。

「プロンプト」虹色のかわいいネコ。

「プロンプト」かわいくてたまらない小さい人形のフワフワのパンダ。

協力：飯山彩也香先生

実際に生成AIを使った例を見てみよう！

特別支援学級 国語「不思議な動物の飼育員になろう」

「映画やアニメに出てくるような、不思議な動物と仲良くなってみたい……」生成AIを使えばそんな願いもかなえられます。Canvaの画像生成AI機能「ドリームラボ」に、「【特徴】＋【動物の名前】」と指示するだけで、あっという間に不思議な動物たちが姿を表します。特別支援学級の国語の授業で子どもたちがつくり出した画像を見てみましょう。

※このページで紹介しているのは、ひとりの子どもがつくった画像ではありません。何人かの子どもの画像をまじえて紹介しています。また同じプロンプトを出しても同じ画像が生成されるとは限りません。

1 どうやってつくるの？

❶ Canvaの「ドリームラボ」のページにアクセス。

❷ ウィンドウにプロンプトを書く。

❸ ドリームラボが絵を生成する。

❹ 画像を保存する。

2 プロンプトと学習のポイント

❶【特徴】＋【動物の名前】を入力して、画像生成。

❷ 気に入った画像ができたら、動物の名前や解説文を書く。

❸ みんなで見合って、コメントし合う。

子どもたちがCanvaでつくったさし絵

『空を飛ぶ犬』
「解説文」道を散歩するんじゃなくて、きっと空を散"飛"します。

『スパゲッティのドラゴン』
「解説文」こわそうな見た目……だけど、なんだかとってもおいしそう!?

『チーズのネコ』
「解説文」きっとすごくいいにおい。暑い日はとろけてしまいそう。

『氷のシカ』
「解説文」冷たく、静かなその姿は、たとえるなら「雪山の王」。

『虹のハムスター』
「解説文」このカラフルさは、見ているだけで癒やされる。

『ムキムキのパンダ』
「解説文」パンダの中には、こんなに体をきたえているものもいる!?

『機械のワニ』
「解説文」モーターや金属が動く音が聞こえてくるような迫力。

『ダイヤモンドの魚』
「解説文」海の中で、キラキラとひときわ輝いている。

協力：成田潤也先生

さくいん

あ行

悪用 ········ 15、16、20、23、24、25

アニメ ································· 28

Amazon ····························· 20

アレクサ ···························· 20

イタズラ ···························· 23

医療 ································· 21

インフォスティーラー ················ 16

絵 ················ 4、5、8、9、26、28

SNS ··············· 7、12、23、24、25

オリジナル ··························· 4

音声アシスタント ····················· 4

か行

回答 ·······························

10、11、12、13、16、19、20、21

顔認証 ····························· 25

拡散 ··························· 23、24

学習 ···················· 4、5、9、

11、13、19、20、21、26、28

課題 ······························· 12

学校 ···················· 3、10、12、26

管理 ································· 7

記事 ··························· 6、7、8

き行（機密情報〜）

機密情報 ························ 15、16

Canva ····················· 3、26、28

記録 ··························· 15、17

空想 ································· 13

権利 ··························· 7、8、9

個人情報 ···················· 15、16、17

コンピューター ········ 4、16、17、21

さ行

詐欺 ··························· 16、25

作業効率 ···························· 14

作者 ································· 9

作品 ··························· 7、8、9

ジェネレーティブAI ···················· 4

ジェンダー差別 ······················ 21

自動運転 ···························· 21

授業 ······················ 3、26、28

主張 ································· 20

情報 ······· 4、9、11、12、13、14、

15、16、17、18、19、20、21、24

情報源 ···············12、20、23、24

水害 ··························· 23、24

Stable Diffusion ····················· 24

スマートフォン ···················· 4、25

た行

対策 ……………………… 17、24

チャット ………………… 15、16、17

ChatGPT ……………………………… 16

著作権 ………………… 6、7、8、9

ディープフェイク ………………………

………………… 22、23、24、25

ディープラーニング ………………… 4

データ・ポイズニング（データの汚染） ……………………………… 20

盗用 ……………………………… 7、8

ドリームラボ ………………… 26、28

な行

ネットニュース ………………………… 6

は行

バグ ……………………………………… 17

パスワード ……………… 15、16、17

パソコンクラブ ……………………… 26

ハルシネーション ……………………

………………… 10、11、12、13

犯罪 ……………………… 21、25

フェイク ………………… 23、24

不適切 ……… 18、19、20、21

プライバシー保護 ……………… 17

プログラム ……… 15、16、17

プロンプト ……… 26、27、28

文章 ………………… 8、9、14

ま行

まちがい ………… 10、11、12、13

まぼろし ……………… 10、11、12

メディア ……………………………… 8

や行

予想外 ……………………………… 13

ら行

流出 ……………………… 16、17

履歴 ……………………………… 17

Layer X ……………………… 16

漏洩 ……………………… 14、17

監修
かんしゅう
坂本良晶
さかもとよしあき

1983 年生まれ。京都府で 13 年間小学校の教員を勤めたのち、2024 年から Canva Japan に入社、Canva Education Senior Manager の立場で日本の自治体への Canva 教育版（自治体向け）の導入や研修を主な業務としている。教員時代には『さる先生の「全部やろうはバカやろう」』『授業・校務が超速に！ さる先生の Canva の教科書』等 10 冊の本を出版、いずれもベストセラーに。また文部科学省学校 DX 戦略アドバイザーとして多数の学校の支援もしている。また、Voicy パーソナリティとして、または 運営するコミュニティ EDUBASE などでも多くの教師に支持されている。そして小五と小二の 2 児の父でもある。

執筆：猪狩はな
装丁・本文デザイン：内海 由
イラスト：梅雨
編集：303BOOKS
企画・編集担当：門脇 大

未来を広げる　生成AI
みらいをひろげる　せいせいエーアイ
③生成 AI で変わる社会
せいせいエーアイ　か　しゃかい

監修：坂本良晶
編集：303BOOKS
2025 年 3 月　初版第 1 刷発行

発行者　三谷 光
発行所　株式会社汐文社
　　　　〒 102-0071　東京都千代田区富士見 1-6-1
　　　　TEL：03（6862）5200　FAX：03（6862）5202
　　　　https://www.choubunsha.com
印　刷　新星社西川印刷株式会社
製　本　東京美術紙工協業組合

ISBN978-4-8113-3214-7